Michel Billard

Sauvez les mots

Essai de linguistique pataphysique

BoD

Lisez aussi du même auteur

Opéra sans féminin TheBok 2013
Tous les chemins mènent à ROM. BOD 2015

Nouvelle édition corrigée et augmentée de Sauvez les mots, aux éditions
BOD, 2015
© 2015 Michel Billard
Editeur BoD - Books on Demand
12/14 rond-point des Champs Élysées 75008 Paris
Impression BoD - Books on Demand, Allemagne
ISBN 9782322015450
Dépot légal mars 2015

Amis lecteurs qui ce livre lisez,	Amis lecteurs qui lisez ce livre
Dépouillez vous de toute affection.	Dépouillez-vous de toute vaine crainte.
Et le lisant ne vous scandalisez,	En l'écrivant je n'étais jamais ivre
Il ne contient mal ni infection.	Et n'y ai mis ni mensonge ni feinte,
Vray est qu'ici peu de perfection	Vraiment, ici la leçon est succincte.
Vous apprendrez, si non en cas de rire.	Vous apprendrez, si vous voulez en rire,
Autre argument ne peut mon cœur élire.	A voir la règle pour la contredire.
Voyant le deuil qui vous mine & consomme,	Voyant le deuil qui vous mine et consomme,
Mieux est de ris que de larmes écrire,	Il vaut mieux riant que pleurant écrire
Pour ce que rire est le propre de l'homme.	Parce que rire est le propre de l'homme.
VIVEZ JOYEUX	LISEZ JOYEUX
Rabelais Gargantua	Adaptraduction personnelle.

PROLOGUE

Alcibiade dans un dialogue de Platon, intitulé Le banquet, louant son précepteur Socrate, sans controverse prince des philosophes, entre autres paroles le dit être semblable aux Silènes. Les Silènes étaient jadis de petites boites telles que nous en voyons à présent dans les boutiques des apothicaires, peintes au dessus de figures joyeuses et frivoles, comme de Harpies, Satyres, oisons bridés, lièvres cornus, canes batées, boucs volants, cerfs limoniers, & autres telles peintures contrefaites à plaisir pour exciter le monde à rire. Tel fut Silène maitre du bon Bacchus. Mais au-dedans l'on gardait les fines drogues, comme le Baume, l'Ambre gris, l'Amome, le Musc, la civette, des pierreries, et autres choses précieuses. Ainsi, disait-il, était Socrate: parce que, le voyant au dehors & l'estimant selon son apparence extérieure, vous n'en eussiez donné un fifrelin : tant il était laid de corps & ridicule en son maintien, le nez pointu, le regard d'un taureau: le visage d'un fou : simple de mœurs, rustique en vêtements, pauvre de fortune, infortuné en femmes, inapte à toute fonction de la république: toujours riant, tou-

DE L'AUTEUR

jours buvant avec chacun, touiours se gondolant, toujours dissimulant son divin savoir. Mais, ouvrant cette boite, vous y eussiez trouvé une céleste & inappréciable drogue: entendement plus que humain, vertu merveilleuse, courage invincible, sobriété sans pareille, contentement certain, assurance parfaite, détachement incroyable envers tout ce pourquoi les humains veillent, courent, travaillent, naviguent & bataillent.

    A quel propos, à votre avis, tend ce prélude, & coup d'essai ? [...] Il faut ouvrir le livre : et soigneusement peser ce qui y est déduit. Vous reconnaîtrez que la drogue contenue est de bien d'autre valeur, que ne promettait la boîte. C'est à dire que les matières ici traitées ne sont pas si folâtres que le titre au dessus le prétendait. Et supposant que, au sens littéral vous trouviez matières assez joyeuses & correspondant bien au nom, toutefois il ne faut pas demeurer là, comme au chant des Sirènes: mais interpréter à un plus haut niveau ce que par aventure vous croyiez dit en forme de plaisanterie.

Rabelais Gargantua
Traduction personnelle

C'est bien plus beau lorsque c'est inutile.
(Edmond Rostand. Cyrano de Bergerac)

Prolégomènes

Depuis Étiemble[1], la situation de notre langue n'a fait qu'empirer.

D'internationale, car parlée par de nombreuses nations, incorporant les langues des nombreuses nations qui y étaient parlées elle était devenue multinationale. Elle a subi, depuis lors, l'intrusion du vocabulaire de l'informatique et du commerce nous autorisant à faire notre marketing en utilisant des mailings qu'il ne faut confondre ni avec du spam ni avec du phishing, contre lesquels tout neird sait comment agir, puis, avec l'apparition des téléphones portables, l'arrivée de splendides monstres comme :

Ojourd'8, 7 aprè-mi10, J V HT 1 10ko 2 SMS. Chuis preC, j'tapLdkej'pe[2].

Il est temps de réagir, non en pronant l'interdiction de telles constructions, ce qui serait vain ou ridicule, risquant de devoir appeler **Capitaine Hareng Saur** le *Capitaine Haddock,* mais en mettant en lumière des procédés de création de mots nouveaux qui maintiennent le cap de l'évolution normale de notre idiome.

Nous nous inscrivons ici dans la droite ligne des études de *Samuel Arthur Etienne de La Mégotière,*

---

[1]. René Étiemble.- Parlez-vous franglais ? Paris, Gallimard, 1964, 1973, 1980.
[2]. Aujourdhui, cet après-midi, je vais acheter un dico de SMS. Je suis pressé(e), je t'appelle dès que je peux.

Jules Ernest Antoine de Laprèsmoi et collaborateurs anonymes. Des moyens à prendre pour cultiver notre jardin et y élever sans maux des mots d'esprit. Paris, Fulgence Opérandieu, 1851, 1874, 1898, 1911, 1925, 1946, 1988, 2011. Réédition en cours, et nous rejetons sans modération les conclusions de *Pr. R. Fatrasie, W. P. A., Dr universitatis calamitatum, Dr Silicomaniaque Ch[ien] attitré du souverain déchu de Parmesanie orientale du Nord-Est, & alii,* dans leur traité *: De l'usage immodéré de l'apocope, de la syncope et du télescope dans l'inscription, la description et la proscription des vocables extra-territoriaux entre 1851 et 1852, sans lieu ni date, volume XXI*. L'étude imprimologique[1] de l'encre et du papier utilisés permet de déduire une date présumée, 1854, et un lieu supposé : Saint Denis des Hespérides.

 Précisons enfin que, là où certains médaillés des jeux olympiques de l'orthographe verront une faute, il s'agira vraisemblablement du recours volontaire à l'orthographe préconisée par le décret de 1990.

---

1. *Trueman, Superman, Walkman et Waterman. Des rapports entre l'encre antipathique et le papier à cigarettes dans l'impression chez les Isliens. Paris 1911, chez les auteurs. ou leurs héritiers.*

Chapitre I

Boris Vian[1] a évoqué rapidement une méthode d'inspiration mathématique que je rappelle ici.

1.1 Théorème 1

Si :

a = b,

alors :

a + c = b + c

ou, pour ceux que rebutent ces notations,

si :

5 carottes = 5 carottes,

alors :

5 carottes + 5 carottes = 5 carottes + 5 carottes.

Si vous prenez le droit d'ajouter des poireaux aux carottes, c'est encore juste :

si :

5 carottes = 5 carottes

alors :

5 carottes + 1 poireau = 5 carottes + 1 poireau

résultat que confirmera votre marchand de légumes.

---

1. Boris Vian.- Lettres sur quelques équations morales.
Lettre au Provéditeur-Editeur sur quelques équations morales dans : Cahiers du collège de Pataphyque n° 11 du 25 Merde 8 E.P. In-8 agrafé.

1.2 À bon chat bon rat.

Le point de départ de Boris Vian est le proverbe bien connu :

à bon chat, bon rat

On pose, sous les conditions normalisées de température syntaxique et de pression sémantique définies par Louis Havet[1] et *Lalude et Palude*[2], que à peut être remplacé par = avec une sémantique un peu particulière de ce symbole.

1.2.1 À bon chaton bon raton.

bon chat + on = bon rat + on

Ce résultat, sans apporter de mot nouveau, confirme la totale adaptation de la règle mathématique au domaine du vocabulaire.

1.1.3 À bon chameau bon rameau.

bon chat + meau = bon rat + meau

Il n'y a rien d'étonnant à ce que le chamelier réserve les bons rameaux aux bons chameaux. Cette fois la mathématique ajoute la morale à ses conquêtes.

1.1.4 À bon chamelier bon ramelier.

bon chat + melier = bon rat + melier

Les ***ratmeliers*** ne sont pas une simple vue de l'esprit. Il existe des conducteurs de rats comme en témoignent les récits mettant en scène *Le Joueur de flûte de Hamelin*, entre autres celui des frères Grimm en 1816.

---

[1]. Louis Havet.- Manuel de crtitique verbale appliquée aux textes latins. Paris, Hachette, 1911. Qui parle de nombreux sujets fondamentaux, mais pas de celui-ci !
[2]. *Pr Victor Lalude et Dr Hector Palude. Normaliser les études littéraires à caractère scientifique en mesurant la température du texte avec un tachypaléographe de Bertrand et un pondérographe d'Arthur. 1897. Université de* (mot recouvert d'une tache).

1.1.5 À bon chatelier bon ratelier.
 bon chat + telier = bon rat + telier

S'il ne fait aucun doute que les conducteurs de rats qui sont des *ra(t)meliers* leur donnent leur pitance dans un ratelier, l'apparition de ce mot permettra aux chats, élevés, eux, par des *chatmeliers*, de ne pas se tromper de direction quand ils ont faim.

Surprenant rapprochement phonétique de l'éleveur de chats et du conducteur de chameaux, justifiant qu'on maintienne la distinction orthographique !

1.1.6 À bon chaticide bon raticide.
 bon chat + ticide = bon rat + ticide

Ceux qui sont confrontés à des rats connaissent bien le raticide. Certains grincheux qui n'apprécient pas que des chats viennent s'ébattre sur leur pelouse seront ravis d'apprendre qu'il faut, pour avoir des performances égales, choisir son *chaticide*, destructeur de chats, chez le même fournisseur que celui qui leur fournit celui destiné aux rats.

1.1.7 À bon chatbas bon ratbas.
 bon chat + bas = bon rat +bas

On connaissait le rabbat que portent au col les membres du clergé catholique. On a maintenant un nom, *chatbas*, pour des chats spécialisés dans la chasse aux rats bas sur pattes, à moins qu'il s'agisse de chats de curés.

1.1.8 À bon chabin bon rabin.
 bon chat + bin = bon rat + bin

On ne sait pas forcément que le chabin désignait, pour Littré, l'hybride du bouc et de la brebis, et, plus récemment, dans le parler des Antilles, les enfants issus de deux parents métissés, terme à senteurs colonialoracistes.

Qu'est-ce alors qu'un rabin, avec un seul B, à ne pas confondre avec l'existant et vénéré rabbin ?

Jean de La Fontaine n'ayant pas, malgré plusieurs fables où paraissent des rats, daigné nous laisser son sentiment sur ce point, nous en sommes réduits aux hypothèses.

Peut-être s'agit-il de l'hybride du Rat de Ville et du Rat des Champs, eux-mêmes hybrides, si l'on en croit *Georg Klerk Spaßvogel* in *Dissertatio de civitatum camporumque muribis. apud Universitatis editorem. Leyde, 1702.*

1.1.9 À bon chatviré bon ratviré.

`bon chat + viré = bon rat + viré`

Un chat qui ne prend pas de rats est un *chatviré*. Un rat qui se fait prendre est un mauvais rat, un *ratviré*, à la fois par les rats et par les chats.

1.1.10 À bon châlit bon rallye.

`bon chat + lit = bon rat + llye`

Un châlit est la structure métallique d'un lit, autrefois utilisé pour exposer la dépouille d'un mort. Sachant la production non négligeable des rallyes en ce domaine, on est tenté de ressusciter ce mot.

Le *Secrétaire du Conseiller Intérimaire de la Fédération Internationale de Facéties Automatiques* m'a fait parvenir par téléphone ses vives protestations contre cette interprétation, faisant valoir qu'elle met en valeur un aspect mineur du problème. Il suggère que, si l'on tient à conserver ce mot, on le consacre à la structure métallique sur laquelle perchés les vainqueurs écoulent des mathusalems de boisson mousseuse.

1.1.11.1 À bon chatbeau bon ratbeau.
bon chat + beau = bon rat + beau

Il va de soi que seul un *chatbeau* peut séduire un *ratbeau* au point de lui faire oublier son ennemi héréditaire.

1.1.11.2 À bon chatbotté bon ratbotté.
bon chat + botté = bon rat + botté

Faut-il rappeler que les chats bottés existent depuis longtemps, même si, pour les Français, il s'agit d'une invention de Charles Perrault publiée en 1697.

Pour trouver officiellement un partenaire à sa hauteur, il faut attendre un jeu, *Ni No Kuni.*

On voit, de ce fait, que la différence orthographique entre *ratbotté* et *raboté* conserve une valeur que semblent ignorer les réformateurs de tout poil.

1.1.11.3 À bon chatbottier bon ratbottier.
bon chat + bottier = bon rat + bottier

Le bottier qui se spécialise dans les bottes de chats est un *chatbottier*, dans celles de rat un *ratbottier*. Que les animaleries en prennent de la graine !

1.1.11.4 À bon chabotteur bon rabotteur.
bon chat + botteur = bon rat + botteur

Rabotteur et *chatbotteur* sont les chausseurs spécialisés des rats et des chats, par exemple ceux de l'opéra.

On découvre ainsi que si un rat s'est blessé le pied sur une écharde de la scène, le menuisier spécialisé appelé à la rescousse, le raboteur y gagne un Té.

1.1.11.5 À bon chatbot bon ratbot.
bon chat + bot = bon rat + bot

Ne confondez pas le rabot avec le *ratbot* qui n'entretient de mauvais rapports qu'avec son *ratbottier*. Le *chatbot*, similairement, a un mauvais *chatbottier* et sa démarche en souffre. Pour se donner du courage, ils fredonnent, de Nicolas Saboly :

La cambo me fai mau	La jambe me fait mal,
Bouto sello, bouto sello,	Mets la selle, mets la selle,
La cambo me fai mau,	La jambe me fait mal,
Bouto sello à moun chivau.	Mets la selle à mon cheval.

1.1.12 À bon chatminagrobis bon ratminagrobis.
bon chat + minagrobis = bon rat + minagrobis

Il est extraordinaire d'apprendre de Littré que «ce nom [est] donné par plaisanterie au chat» où ramine reste mal expliqué et grosbis désignerait un ‹ homme qui fait le gros dos, l'important», et de constater que pour parler d'un chat, on a préfixé avec rat. Par conséquent, *Chatminagrobis* désignerait nécessairement un rat satisfait qui fait le gros dos.

1.1.13   À bon chatporteur bon ratporteur
bon chat + porteur = bon rat + porteur

Quand vous allez admirer un spectacle chorégraphique, vous demeurez sans voix et sans mot pour désigner le danseur ou la danseuse qui en porte un autre : il s'agit du *ratporteur* si le porté est féminin, du *chatporteur* si le porté est masculin.

Mon épicier, Charles Hubert Poissonnard, du Bon Beurre, qui est expert en la matière, attire mon attention sur l'ambiguïté créée par l'homonymie entre *ratporteur* et rapporteur.

Il n'est pas assez expert en dénotation, connotation et contextualité pour avoir conscience que ce son désigne déjà l'instrument que requiert parfois le professeur de MAAG, Mathématiques, Arithmétique, Algèbre et Géométrie et celui que son fils appelle un cafard.

1.1.14 À bon chabanais bon rabanais.

bon chat + banais = bon rat + banais

Ceux qui n'ont pas lu la Fermeture[1] d'Alphonse Boudard ignorent peut-être qu'au Chabanais de compréhensives jeunes femmes tenaient galante compagnie à des hommes généreux.

Les sources sont plus discrètes sur des établissements où d'accorts jeunes hommes se montreraient galants et compréhensifs à l'égard de femmes généreuses. Ce sont des *rabanais*, même s'ils acceptent une autre clientèle que les petits rats de l'Opéra.

Henri de Toulouse-Lautrec. Au Salon de la rue des Moulins (Wikipedia)

---

1. Alphonse Boudard La fermeture – Prix Rabelais –Paris, Robert Laffont , 1986.

CHAPITRE II

2.1 Théorème symétrique
Si

$a = b$

alors

$c + a = c + b$

2.1.1 et aussi :
$a + c = c + b$

ou pour ceux que rebutent ces notations si

$5\,patates = 5\,patates$

alors

$1\,noix\,de\,beurre + 5\,patates = 1\,noix\,de\,beurre + 5\,patates.$

S vous commandez pour vous : 1 steak, le principe d'égalité exige que pour votre convive vous commandiez : 1 steak, soit

$1\,steak = 1\,steak,$

et, sur les instances du serveur « Avec des frites, du riz, de la salade, ou des pattes ? » et, par application de 1.1 :

$1\,steak + une\,portion\,de\,frites = 1\,steak + une\,portion\,de\,frites$

et, par application de 2.1.1 :

$1\,steak + une\,portion\,de\,frites = une\,portion\,de\,frites + 1\,steak.$

Vous mesurerez cependant l'ignorance abyssale des *nourrisseurs* si vous essayez de leur commander Une frites steak et encourrez les foudres de tous les Capélocuteurs !

2.1.2 Digression rafraichissante

Tentez l'expérience suivante :

Commandez un diabolo D, menthe, m pour un prix p soit 2 monetos.

Vous avez :

$D + m = p$

ou

$D + m = 2$

Commandez un diabolo d, pour un prix q soit 1,8 monetos.

Vous avez :

$d = q$

ou

$d = 1.8$

On sait que $D \leq d$, mais on va simplifier en posant $D = d$.

On en déduit le prix de la dose de menthe :

$p - q = 0.2$

Commandez maintenant un verre d'eau pour un prix r, soit 0,30 monetos.

Commandez enfin un verre d'eau avec menthe.

Son prix devrait être la somme du prix du verre d'eau et de la dose de menthe soit :

$0,3 + 0,2$

Et concluez, au vu du ticket, que la menthe ajoute beaucoup plus de valeur à l'eau qu'à la limonade.

2.2 À bon pacha bon para.
pa + cha = pa + ra

2.2.1 Vu par le sommet
Il est bien connu que ce qui fait la valeur du soldat, c'est celle de son chef.

2.2.2 Vu par la base
Les chefs dovient mériter leurs soldats : on aperçoit un soupçon d'égalité dans la hiérarchie.

2.2.3 Vu par un pessimiste
Laissons aux spécialistes des patates de Venn le soin de s'interroger sur cette sémantique et son extension.

2.3 À bon pachachute bon parachute.
pa + chat + chute = pa + rat + chute

Les fabricants d'accessoires militaires découvrent ici le nom d'un produit à soumettre au Concours Lépine : le parachute spécial pour le chef, le *pachachute*. (cf. 2.1 et 1.1).

On[1] m'a fait remarquer qu'on peut aussi montrer que la qualité du matériel (bon pachachute) est liée à celle de son utilisateur (bon pacha).

2.4 À bon chatonnerre bon ratonnerre.
chat + tonnerre = rat + tonnerre

Étape intermédiaire mais instructive : entre autres, si la ratonne erre, la chatonne erre.

2.4.1 À bon paratonnerre bon pachatonnerre.
pa + chat + tonnerre = pa + rat + tonnerre

Effet pervers de la mathématique qui transforme un

---
1. *Colonel Maximilien César Antoine de Lamermorte. Correspondance privée.*

accessoire utile, mais mal nommé, puisque protégeant de la foudre, il ne peut s'appeler parafoudre, en élément naturel discriminatoire, puisque il existerait deux formes de tonnerre.

2.5 Tel père, tel fils
2.5.1 Tel péricien, tel physicien.
```
père + icien = fils + icien
```
Il s'agit ici, entre autres, d'un apport fondamental à la biographie d'Archimède, le physicien : on connaît maintenant le métier de son père, *péricien*.

2.5.2 Tel péripatéticien, tel fissipatéticien.
```
père + ipatéticien = fils + ipatéticien
```
On nommait *fissipatéticiens* les fils des philosophes péripatéticiens. On notera au passage le caractère fermé aux femmes de cette sagesse des nations.

2.5.3.1 Tel persil, tel fissil(e).
```
père + sil = fils + sil(e)
```
Les maraichers installés à proximité d'installations nucléaires et les écologistes en conviennent ou devraient en convenir.

Un lecteur de la précédente édition rencontré dans le train me reproche cette déduction pour deux raisons : il affime qu'il n'est pas légitime d'égaliser <u>sil</u> et <u>sile</u> tant sur le plan orthographique que sur le plan phonétique (*Sur la tombe du sire de Framboisy, Elle sema du persil*).

Sur le plan, phonétique, après consultation du Trésor de la langue Française Informatisé du Centre National de Ressources Textuelles et Lexicales, nous sommes en mesure de confirmer que, aujourd'hui, certains prononcent le L de persil.

Sur le plan orthographique, souhaitons qu'il nous pardonne cette facilité qui nous avait échappé.

2.5.3.2 Tel percille, tel fiscille
père + cille = fils + cille

Le cillement d'yeux trouve dans le vocabulaire enrichi une explication héréditaire.

2.5.3.3 Tel percil, tel fiscil
père + cil = fils + cil

Les pères sourcilleux de l'esthétique de leur regard ont des fils du même acabit.

2.5.3.4 Tel persécuteur, tel fissécuteur.
père + sécuteur = fils + sécuteur

En France, on était exécuteur des hautes oeuvres de père en fils. Le père était à bon droit nommé persécuteur, et son fils, héritier de la charge, *fissécuteur*.

2.5.3.5 Telle permission telle filsmission.
père + mission = fils + mission

Conséquemment le père avait permission abrégée en *pèremission*, qu'il transmettait à son fils comme *filsmission*.

2.5.3.6 Tel père il y a, tel fils il y a.
père + y + a = fils + y + a

La sagesse des nations en est confirmée ; mais, si on préfère se conformer à L'effet yau de poêle[1], Tel péril y a, tel fils y a comme l'a prouvé en son temps un certain Cid[2] dans un cas comme dans l'autre:
« Montre-toi digne fils d'un père tel que moi. »

---
1. François George.- L'Effet 'Yau de poêle de Lacan et des lacaniens. Paris, Hachette, 1979
2. Pierre Corneille.- Le Cid, 1637. Acte I, scène 5.

CHAPITRE III

3.1 Théorème réciproque
Si :

a = b,

alors

a - c = b - c

ou, pour ceux que rebutent ces notations,

si de la soupe au beurre vous retirez le beurre, il reste de la soupe.

3.2 Qui aime bien châtie bien
3.2.1 Qui aime châtie
Bien pouvant être mis en facteur commun, on peut l'ignorer.
3.2.2 Aime châtie
Qui étant mis en facteur commun, comme on le lira dans toute grammaire élémentaire, on le retire :

Qui aime qui châtie deviendra Aime châtie. On est renforcé dans ce qui semble une audacieuse substitution par le maintien de la sémantique, au prix d'un passage à l'impératif :

```
Aime, châtie.
```

On notera que cette formule canonique accepte l'adjonction de tout adverbe de manière:

Aime fort, châtie fort ; aime vite, châtie vite ; aime tendrement, châtie tendrement (Propos du Marquis de Sade retrouvés dans une lettre de *Madame E. de S.* à sa cousine *Mlle V. de M.*, lettre très endommagée que nous eûmes le plaisir de restaurer pour le compte d'une de nos amies.)

3.2.3 Aimiment châtiment.
```
aim(e) + iment = chat + iment
```
Comme châtiment désigne ce que l'on fait lorsqu'on châtie, *aimiment* désigne pudiquement ce qu'on fait quand on aime, alors que amour exprime ce qu'on ressent.

3.2.4 Amour chatmour
Indémontrable. La démonstration en est ouverte à tout lecteur dans un concours dont le bon de participation sera envoyé en même temps que la bibliographie complète.

Pourtant *chatmour* serait plus esthétique pour parler des amours des chats que les chaleurs qu'on leur attribue habituellement, surtout par temps froid.

3.3 Pas de nouvelles, bonnes nouvelles.
Produit immédiatement
```
Pas = bonnes.
```
Solution à diffuser auprès des auteurs en manque de synonymes :

« J'en ai pas deux. » deviendrait : « J'en ai bonne une » qu'il faudrait rectifier en « J'en ai une bonne. », mettant ainsi en évidence le caractère avaricieux du locuteur.

Remarquer la réciproque : « J'en ai une bonne. » devenant « J'en ai une pas de » à amender en « J'en ai une, pas deux. »

3.4 Pauvreté n'est pas vice.
Le vice étant la non vertu, Pauvreté est vertu. (cf. infra 3.10)

3.5 À père avare, fils prodigue

On peut affirmer que

prodigue = - avare

obtenant

père avare = fils – avare

qui donne

père = fils - 2 * avare.

Ce résultat montre que la contradiction entre 2.5 et 3.5 n'est pas qu'apparente : le fils est toujours deux fois moins avare que le père !

3.6 Une découverte psycho-agronomique
3.6.1 Démonstration

Partant de :

Un homme averti en vaut deux.

Nous posons :

Un homme averti vaut deux hommes

qui peut se formaliser ainsi :

1h + a = 2h

que nous sommes fondés à simplifier ainsi :

1h - 1h + a = 2h - 1h

d'où :

a = 1h

ou :

1h = a

En remplaçant les lettres par leurs valeurs :

un homme = averti

3.6.2 Exploitation

Il est parfaitement légitime d'écrire :

Avertissement = avertissement

et de remplacer *averti* dans le membre gauche par sa

valeur obtenue précédemment :

Un Homme se ment = avertissement
formule que ne désavouerait pas le grand Sigmund.

Mais on peut aussi écrire:
Un homme semant = averti semant
que l'on croirait cité de La Fontaine :
« Passe encor de bâtir ; mais planter à cet âge ! »[1].

3.7 Il y a loin de la coupe aux lèvres.

Pour ceux qui avaient faim pendant les cours de Français, rappelons que le verbe poindre a eu, en plus de l'emploi que nous lui connaissons aujourd'hui dans *le jour point*, un emploi comme dans cette expression «Oignez vilain, il vous poindra ; poignez vilain, il vous oindra qui signifie : Caressez un malhonneste homme, il vous fera du mal; faites-luy du mal, il vous caressera. »[2].

3.7.1 Explicitations

Remplaçons le pronom il par sa valeur : vilain; remplacez l'impératif Oignez par l'indicatif Vous oignez, et la virgule par le signe d'égalité :

Vous oignez vilain = vilain Vous poindra

Nous constatons que la sémantique est maintenue, ce qui justifie nos substitutions.

Remplaçons les mots par leurs initiales :

V O v = v V P

On peut en déduire :

O = P

qui apporte une généralisation au proverbe :

---
1. La Fontaine.- Le Vieillard et les trois jeunes Hommes. Livre XI - Fable 8
2. Dictionnaire de l'Académie francaise. de l'édition de 1694 à celle de 1932-5.

Oignez qui vous voulez, cette personne vous poindra.

Avec un aperçu intéressant sur la notion de reconnaissance et ses causes, d'une part, et la carotte et le bâton d'autre part.

3.8 Précurseurs involontaires

Notre démarche intellectuelle, sémantique, morphologique, onomastique, ontologique et mécanique a eu des précurseurs que certains, moins modestes que nous qualifieraient d'*antéplagiaires*.

3.8.1 Corneille

« Et le désir s'accroît quand l'effet se recule.
Car ce n'est pas régner qu'être deux à régner. »[1]

Loin de nous l'idée d'exploiter la plaisanterie largement éculée sur le malencontreux premier vers. Nous nous bornerons à rappeler que, dans le deuxième vers, on peut remplacer *régner* par tout verbe à l'infinitif.

Oscar de la Planéité de la Grève m'a fait remarquer que cette phrase manquait de rigueur « poétique ».
« Depuis Boileau, dit-il, on ne peut introduire un hiatus dans un vers.
Relisez au Chant I de l'Art poétique du maître :
Gardez qu'une voyelle à courir trop hastée,
Ne soit d'une voyelle en son chemin heurtée. »

Mea cupa, mea maxima culpa.

Dont acte, mais il ne s'agit pas de poésie, mais de prosodie.

Car ce n'est pas aimer qu'être deux à aimer fait table rase des délires sur l'amour éternel, réciproque et partagé.

---
[1]. Corneille. Polyeucte. Acte I, Scène 1. 1643

Car ce n'est pas avoir qu'être deux à avoir interroge à la fois les héritiers présomptifs, le testataire et le notaire. Confirme ce qu'on savait déjà sur les sociétés (anonymes) par actions.

Car ce n'est pas savoir qu'être deux à savoir est une maxime que gardent en mémoire les ayatollahs de toute forme de savoir: « dès que tu as le même savoir que moi, je ne sais plus rien. »

3.8.2 Voltaire

« N'être point occupé et n'exister pas est la même chose pour l'homme. »

On peut poser que l'homme, tendant vers l'infiniment petit, ε, peut être négligé dans cette équation.

Avait-il pressenti Nino Ferrer?
« Gaston y a l'téléfon qui son
Et y a jamais person qui y répond
Gaston y a l'téléfon qui son
Et y a jamais person qui y répond »

3.8.3 Victor Hugo

« Qui n'est pas capable d'être pauvre, n'est pas capable d'être libre. »

Est-il nécessaire que nous développions?

3.8.3.1 Explicitation

`Qui n'est pas capable d'être pauvre, n'est pas capable d'être libre`

Qui n'est pas capable, en facteur commun, peut être éliminé. (Précision pour les chatouilleux : Qui... → Celui qui... où qui et celui sont la même personne.)

`être pauvre = être libre. (cf. supra 3.4)`

3.8.4 René Crevel

Je ne résiste pas au plaisir de vous faire partager,

quelques citations de René Crevel rencontré en réunissant la documentation de cet opuscule,

3.8.4.1 Autosuffisant
« Quatre à quatre il grimpe les cinq étages.
Il compte.
4+4+5=13 »[1]

3.8.4.2 À toute chose malheur est-il bon_?
« Mme_Dumont-Dufour et Mme_Blok parlent de leurs malheurs. C'est-à-dire de leurs maris. »[2]

Comme malheur = mari, il faut postuler un mot nouveau pour que les fiancées, laissant leurs fiancés triomphants roucouler: « Gai, gai, marions-nous ! » : puissent entonner: « Gai, gai, *malheurons*-nous ! »

3.8.4.3 Si logique syllogisme
« Elle vit avec les autres, va aux autres, à tous les autres, à tous.
Or aller à tous n'est pas aller à tout, mais au contraire n'aller à rien. »[3]
Que diront les vendeurs de prêt-à-porter devant la conclusion qui s'impose ?

3.8.4.4 Si Pinocchio m'était conté.
« Baleine, impératrice des océans polaires, comme la rose est la reine des fleurs, et le poireau l'asperge du pauvre, aimable cétacé, souveraine sans prince consort, géante trop sage pour aller chercher midi à quatorze heures, entres vos banquises, vous vous pavanez, libre de toute crise de conscience... »[4]
Ou Jonas, ou Moby Dick...

René Crevel
1. Êtes-vous fous ? Paris, Gallimard, 1929.
2. La Mort difficile, Paris, Éditions du Sagittaire/Simon Kra, 1926
3. Mon corps et moi. Paris, Éditions du Sagittaire, 1925.
4. Paul Klee coll. Les Peintres nouveaux, Paris, Gallimard, NRF, 1930.

Anonyme, école française du XIVe. Jonas rejeté par la baleine Bible de Jean XXII (Wikimedia Commons) -

CHAPITRE IV

4.1 PIqûre de rappel

Que ceux qui ont conservé de l'arithmétique le souvenir horrifié des fractions et de la règle de trois ne s'affolent pas. Nous allons aborder en douceur un outil indispensable à une révision de notre vocabulaire.

Si nous possédons une recette de gâteau pour quatre personnes indiquant qu'il y faut entre autres 300 grammes de farine et si nous désirons réaliser ce gâteau pour douze personnes, combien faut-il de farine ?

Tous les papas et toutes les mamans qui bichonnent leurs invités trouveront la réponse évidente : 12 convives c'est 3 fois plus que 4 ; il faut 900 grammes de farine.

Si nous désirons faire ce gâteau pour 25 personnes, la seule méthode simple est de calculer combien il faut de farine pour 1 personne, soit 300 / 4 = 75 grammes et de multiplier ce résultat par 25, soit 1870 grammes.

On peut figurer ces résultats sous la forme d'un tableau :

farine	300	75	900	1875
personnes	4	1	12	25
farine par personne	75	75	75	75

On remarque que le résultat de la division de la première ligne par la cellule correspondante de la deuxième est le même.

4.2 Mots de familles ou familles de mots ?

homme	garçon	père	fils	coq
femme	fille	mère	fille	poule

Ici, la constante est l'opposition de sexe.
Résultat que marque l'espéranto :
viro / virino : l'homme / la femme ;
knabo / knabino : le garçon / la fille ;
patro / patrino : le père / la mère ;
koko / kokino : le coq / la poule.

4.3 Ascenseur à tous les étages

descendre	*ascendre*	monter	démonter
descenseur	ascenseur	monteur	démonteur
descente	*ascente*	montée	démontée

Ici, la constante est le sens de la marche.

Montée / monter postulent que le monteur soit celui qui monte, qui gravit. On constate effectivement que les monteurs d'échafaudages à la fois assemblent et gravissent. La situation est analogue pour Démonter.

L'introduction de *ascente* et la résurrection de *descenseur*, celui-ci attesté par Littré, permettraient de réserver Monter / Démonter aux opérations d'assemblage et Descendre / Ascendre à celles d'ascension .

Les amateurs de films d'action feront remarquer qu'on pourrait aussi bien spécialiser Descendre dans l'emploi de descendre un ennemi ; mais que ferait-on alors, entre autres, de Ascenseur ?

4.4 Verbodescendance

conduire	produire	induire	séduire	déduire
conducteur	producteur	inducteur	séducteur	*déducteur*
conduction	production	induction	séduction	déduction
conductivité	productivité	inductivité	*séductivité*	*déductivité*

Conduire, produire, induire, déduire, séduire sont tous des verbes, pères de familles observant le même mode de reproduction:

Le conducteur, le producteur et le séducteur font ce que leur dit le verbe.

Les résultats en sont la conduction, la production, l'induction, la déduction et la séduction.

La conductivité, la productivité sont des caractéristiques mesurant l'aptitude à faire ce signifie le verbe.

Il est dommage qu'on ne puisse pas dire de certains logiciens qu'ils font preuve de plus d'*inductivité* ou de *déductivité* que d'autres. De même, si un spécialiste de l'induction se nomme à bon droit un inducteur, pourquoi celui de la déduction n'est-il pas un *déducteur* ?

Enfin, Dom Juan[1] apprendrait sans doute avec plaisir que, ayant fait sortir des chemins de la vertu mille trois espagnoles, jeunes ou vieilles, sa *séductivité* y a été supérieure à celle de Casanova.

---
1. Wolfgang Amadeus Mozart.- Don Giovanni. 1787. Acte I scène 2

4.5 Des familles dégarnies

utile	futile
utilité	futilité

Ici, rien que de banal : un adjectif et son nom face à leurs opposés, nous n'osons dire contraires, de peur de passer pour la résurrection de quelque rhéteur byzantin.

inutile	infutile
inutilité	*infutilité*

Si l'on préfixe par *in-*, comme on l'a vu précédemment, on fait apparaître la nécessité du mot *infutilité*. On peut aussi part du couple Utile / Futile qui permettrait de libérer Inutile et Inutilité. et produirait le préfixe privatif : f-

4.5.1 Applications
4.5.1.1 Pince-fesses dans mon bastringue
    Foutoir Outoir
« L'autre jour tu as été reçu dans le foutoir d'Alexine, rue Duphot. Mais maintenant que nous te connaissons, tu peux venir chez moi. » « Tu peux venir dans mon outoir », aurait pu écrire Apollinaire[1], eût-il été de nos lecteurs, plus énigmatique et plus attirant à moins qu'il préférât, suivant sur ce point les apotres de la complication de l'orthographe : *mon houtoir*.

---
1. Guillaume Apollinaire, Les Onze Mille Verges, chap.3.

4.5.1.2 La foi du charbonnier
Faveur Aveur

Du temps qu'il existait en France des mines de houille, le haveur, à en croire Littré, était l'ouvrier chargé d'entailler les couches pour en permettre l'abattage. S'il avait pensé que *faveur* pouvait désigner celui qui n'est pas haveur, soit l'hyperonyme de tous les autres ouvriers, Emile Zola[1] aurait pu abréger ses énumérations : « Mais la voix du receveur monta, criant d'emballer. Sans doute, un porion passait en bas. Le roulage reprit aux neuf étages, on n'entendit plus que les appels réguliers des galibots et que l'ébrouement des herscheuses arrivant au plan, fumantes comme des juments trop chargées. ».

Mais est une faveur de n'être pas haveur ?

4.5.1.3 Langue de bois ou de vipère?
Acord Faccord

On nous dira qu'il existe déjà désaccord ; cependant, lorsque des plénipotentiaires prennent langue, ils peuvent, sans désaccord, convenir qu'ils n'ont pas pu trouver d'accord : ils sont en *faccord*, ce dont ils s'abstiendront de discuter une fois attablés autour de la même table de leur cantine de luxe.

4.5.1.4 Pondéreux n'est pas forcément onéreux
Onéreux Fonéreux

L'expression courante, bon marché, prête à confusion, désignant soit une affaire de bonne qualité, soit une affaire de petit prix, peu onéreuse. *Fonéreux* nous tend ses grands bras pour rendre ces petits prix.

---
1. Émile Zola.- Germinal. Livre 1, chapitre 4.- Paris, 1885

On rétablit ainsi une forme de parité avec l'anglais qui possède en ce sens cheap.

4.6 Dans les vignes du Seigneur

masseur	vendangeur	professeur
masseuse	vendangeuse	*professeuse*

Nous n'allons pas discuter le bien-fondé de la vague de parité qui sévit; mais on voit ici que <u>professeure</u> n'a pas sa place ici. Peut-être les créateurs de ce mot ont-ils été motivés par une certaine pudeur devant professeuse qui risquait d'évoquer des pratiques « pédagogiques » d'un âge révolu, mais, si l'on en croit Alphonse Boudard (loco citato supra), toujours en cours chez certaines pro fesseuses.

Pour éviter cette fâcheuse rencontre on dispose encore de *professoresse*, comme docteur / doctoresse, tigre / tigresse ou pauvre / pauvresse.

4.7 Le dogme, une pratique

dogmatique	lunatique	pratique
dogme	lune	*pra*

L'adjectif montre une relation de dépendance avec le nom. Si le lunatique est soumis à l'influence de la lune, le dogmatique est asservi au dogme. On découvre un mot manquant et nécessaire qui serait bien pratique, le *pra* de quelque chose, ce qui la rend pratique.

4.8 La peinture à l'hawaïle, c'est bien diffic'hawaïle

torture	souillure	mixture	peinture
torturer	souiller	*mixturer*	*peinturer*
torturer	souiller	*mixter*	*peinter*

Le verbe signifie faire la chose de la première ligne, ce qui est la constante. On a la preuve qu'il manque deux verbes : *mixturer* et *peinturer* si on s'aligne sur torturer ou *mixter* et *peinter* si on s'aligne sur souiller..

On nous dira qu'il existe d'une part mélanger, d'autre part mixer ; mais ces deux mots incluent-ils la notion de sorcellerie qu'emporte *mixturer*.

Peinturer permettrait de distinguer soit le peintre en bâtiment et l'artiste peintre, soit l'artiste peintre professionnel, et celui qui joue du violon avec ses pinceaux et ses divers **Ingré**dient**s** (horresco dicens !).

4.9 Les mots en ail, quel travail !

Rappelons à ceux qui ont échappé à Cicéron, Tacite et quelques autres que, pour les ancêtres de nos voisins bottés, tripaliare, l'aïeul de notre travailler, a d'abord signifié torturer

travail	*rimail*	portail
travailler	rimailler	*portailler*

Un honnête travailleur qui sait travailler gagne son pain du prix de son travail.

Quand un rimailleur croit aligner des rimes, il se borne à empiler des *rimails*, de mauvaises rimes.

Quant à *portailler*, c'est ce que fait un portail, savoir clore, parfois commandé par un *portailleur*.

Famille abondante et où beaucoup reste à faire : rouscailler, pinailler, chandail, vantail (ou ventail), éventail...

4.10 Discriminations.

tabagie	*strabie*	*unijambie*
tabagisme	strabisme	*unijambisme*
tabagiste	*strabiste*	unijambiste

Ceux qui, atteints de tabagisme imposent parfois aux abstinents des tabagies, sont des *tabagistes*. Sauf si vous préférez réserver ce mot à ceux qui vendent du tabac, le préférant à l'officiel buraliste. Nos voisins d'outre-Manche ont bien tobacconist en ce sens.

Pourquoi les victimes de strabisme n'ont-elles droit qu'à la désignation péjorative de bigleux ou, pire, de « Marie Bigle en biais ».

Mais si on promeut *strabiste*, on crée une nouvelle discrimination envers l'unijambiste qui ne dispose d'aucun mot pour désigner son handicap.

4.11 Remarque finale.

La fascination du nombre ou du logiciel qui produit ou exploite les nombres est trop répandue pour ne pas m'amuser, mais sans risque pour qui que ce soit, à leur faire produire n'importe quoi.

Mais il est de nombreux cas où leur emploi inconsidéré conduit à des absurdités, voire pire.

J'*anecdotise*[1], direz-vous, à évoquer ces scènes ; en suis-je pour autant anecdotomane ?

Plusieurs étudiants de mathématiques appliquées

---
1. Louis-Sébastien Mercier.- Néologie. 1801)

qui m'appelèrent à la rescousse en montrèrent l'exemple.

4.11.1 Les faits n'ont pas d'intérêt.

Il s'agissait de reconnaitre qu'il existait deux familles de processeurs pour les ordinateurs, les Intel et les Motorola, et, dans chaque famille, deux générations.
« J'avais à comparer les codes de plusieurs processeurs informatiques. Le logiciel l'a fait. Que fais-je maintenant ?
- Tu vois bien que tu as deux groupes, et dans chaque groupe deux sous-groupes.
- Vous savez, moi, du moment que j'ai de belles valeurs propres...
- Si je savais ce que sont des valeurs propres et si je savais les calculer, je n'aurais pas eu recours à toi... »

4.11.2 Les faits ont tort face aux chiffres.
« Monsieur, je dois étudier le régime d'une rivière ; je trouve une périodicité des crues de 27 mois qui ne correspond pas au régime observé.
- As-tu pensé qu'il y avait probablement un rapport avec les saisons et les pluies ?
- Non, ce sont les infiltrations et le logiciel ne montre aucun rapport avec les saisons... »

4.11.3 L'humain face aux chiffres.
« Monsieur j'étudie le rapport entre la natalité et le prix du pain en France entre 1650 et 1713. La courbe donnée par le logiciel correspond bien à la réalité ; mais il y a des creux et des pics anormaux.
- T'es-tu intéressé à ce qui se passait à ces moments-là, guerres, retours de guerres ?
- Pourquoi ? Ce n'est pas mon sujet de recherche ; moi c'est les maths, pas l'histoire. »

4.11.4 Ouvrez les yeux.

Dans le journal, sur les ondes, on vous abreuve de chiffres sans en préciser clairement les conditions d'obtention et les limites de validité: je viens d'apprendre que le poulet rôti a détrôné avec 20,3_% le magret de canard avec 20,2%, ce qui, compte-tenu des intervalles de confiance de tels nombres, signifie en fait qu'ils sont à égalité, sans doute aussi avec ceux qui obtiennent 18%.

Tabagie du roi Frédéric-Guillaume de Prusse. Attribué à Georg Lisiewski (Wikipedia)

CHAPITRE V

5.1 Rougeurs

Qui ne se souvient d'avoir lu, honteux, en marge d'une de ses copies de français, la condamnation capitale, néologisme ?

Pour ma part, il s'agit d'une dictée en quatrième qui parlait d'un jour où, le soleil ne s'étant pas levé, il régnait sur la terre « un brouillard d'origine des mondes. » que j'écrivis comme plus d'un de mes condisciples :
« un brouillard d'origine démonde. »

« C'eût été démoniaque, à supposer que ce mot eût eu un sens dans ce contexte, fulminait le docte *dicteur*[1] A***.»

La France, en effet, souffre d'une forme étrange de *misonéologie*, préférant importer un mot plutôt que de créer le sien attendant qu'une assemblée, une commission, ou un expert avalise cette importation ou lui en propose un substitut de son crû.

Après consultation du Dr Billardoz, Professeur émérite de Lettres dans les Lycées et Collèges, Titulaire d'un DESS De Linguistique Formelle, nous avons obtenu l'ordonnance qui suit.

---

[1]. Le mot professeur, que d'autres auraient employé ici sans discernement, ne rend pas compte de la diversité des roles de ce respectable personnage.

Il est tantot professeur lorsqu'il professe la vérité du sens d'un texte, celle que, souvent, l'auteur lui-même n'avait pas vue ; tantôt correcteur quand il se fait rubricator, rougisseur de copies, tantot dicteur qand il dicte une copie, tantot évaluateur, tantot orienteur, tantot éducateur.

Cette distinction a d'autant plus de sens que, ici ou là, ce n'est pas la même personne, homme ou femme, qui donne le devoir et qui le corrige.

5.2 Ordonnance.

Imitons donc nos voisins anglais ou allemands qui ne s'en privent pas sans que leurs langues en souffrent, bien au contraire. Si le suffixe ou le préfixe idoine et adéquat n'existe pas, créons-le !

Les grands prêtres de la langue française ont bien réussi à produire covoiturage en 1989 et, souvent, rappelé qu'un mot français existait déjà, comme entraineur ou accompagnateur pour coach et entrainer ou accompagner pour coacher.

CHAPITRE VI

6.1 Rabelais

François Rabelais a ressuscité des mots tombés en désuétude, et en a forgé à foison.

6.1.1 Le rire est le propre de l'homme

« *Agelastes* : qui ne rit point, triste, facheux. Ainsi fut surnommé Crassus, oncle du Crassus qui fut occis par les Parthes; de sa vie, il ne fut vu rire qu'une fois. »[1]

6.1.2 Ecclésiastiquement vôtre

« Issant de la chambre de Raminagrobis, Panurge comme tout effrayé dit : "Je crois, par la vertu Dieu, qu'il est hérétique, ou je me donne au diable. Il médit des bons pères mendiants cordeliers et jacobins, qui sont les deux hémispheres de la chrétienté, et par la *gyrognomonyque circumbilivagination* desquels, comme par deux *filopendoles coelivagés*, tout l'*autonomatic matagrabolisme* de l'Eglise romaine, quand elle se sent *emburelucoquée* d'un baragouinage d'erreur ou d'hérésie, *homocentricalement* se trémousse. " »[1]

Un vrai festival, où l'on s'accorde à interpréter matagrabolisme, qui apparait chez Jules Verne[2], comme se fatiguer l'esprit mais que je rapprocherais volontiers du «nous pesions gravement des œufs de mouches avec des balances de toiles d'araignées. » de Voltaire[3].

---

1. François Rabelais : tout ce qui existe de ses œuvres, Gargantua-Pantagruel, Pantagrueline Prognostication,... / (éd. par Louis Moland). Paris, Garnier, 1884 (Gallica)
1. François Rabelais.- Pantagruel Livre III Ch XXII. (ibidem)
2. Verne (Jules).- L'Île à hélice. Paris, Hetzel, 1895.
3. Voltaire, dans sa lettre du 27 avril 1761 à l'abbé Truble.

La plupart des autres mots forgés se comprennent soit par recours au grec, gyro, cercle, et gnomon, par exemple, soit par analogie, comme circumbilivagination, de sens nécessairement en rapport avec gyrognomonyque, par circum en faisant le tour, et bilivagination qui me semble un à peu près de navigation matiné de vagin.

6.2 Du Bellay

Ressuscite des mots oubliés comme anuiter, faire nuit, ajourner faire jour. Crée ou adapte à partir du grec ou du latin:

« Ces mots-là[4] donc seront en notre langue comme étrangers en une cité_ : auxquels toutefois les périphrases serviront de truchements. Encore serais-je bien d'opinion que le savant translateur fît plutôt l'office de *paraphraste* que de traducteur. »[5]

6.3 Louis-Sébastien Mercier

Je consacrerai à Louis-Sébastien Mercier une place que justifie sa langue, à cheval entre le XVIIIe et le XIXe siècles, très proche de la langue actuelle, sa conception originale en son temps de l'évolution des langues et certaines de ses positions qui en font une sorte de visionnaire.[1]

6.3.1 Un bon dictionnaire.

Il s'inscrit contre l'Académie Française et son dictionnaire, produit de plusieurs personnes : « Je pense qu'un Dictionnaire quelconque ne pourra être bien fait

---

1. Du Bellay, Joachim (1522?-1560).- Défense et illustration de la langue francoyse Par I.D.B.A. Imprimé à Paris pour Arnoul L'Angelier. 1549. Livre I chapitre X.
2. Mercier, Louis-Sébastien (1740-1814).- Néologie ou Vocabulaire de mots nouveaux_ : à renouveler, ou pris dans des acceptions nouvelles par L. S. Mercier,..Paris, Moussard, Paris, Maradan , 1801. (Gallica)

que par un seul homme. Il s'élève tant d'opinions contraires, tant de discussions oiseuses, tant de difficultés stériles, tant d'idées divergentes,[...] » (p. iij)

Il en critique aussi le conservatisme : « La première chose serait de ne pas le confier à une race d'étouffeurs qui se mettent à genoux devant quatre ou cinq hommes du siècle de Louis XIV, pour se dispenser, je crois, de connaître et d'étudier tous les autres, et qui […] ne savent pas qu'il n'y a point de perfection fixe dans les langues. » (p. v)

La langue, en effet, vit et évolue en permanence : « Et qui ne rit d'un tribunal qui vous dit ; je vais fixer la langue. » (p. viij)

6.3.2 La néologie

« J'ai osé […] déployer sur ses plus hautes tours l'oriflamme de la Néologie[...](p. iv) qui se prend toujours en bonne part et Néologisme en mauvaise ; il y a entre ces deux mots la même différence qu'entre religion et fanatisme, philosophie et philosophisme. » (pp vj et vij)

Il faut créer des mots pour des raisons de style : « Les phrases et les circonlocutions promettent beaucoup et donnent peu ; mais un mot neuf vous réveille plus que des sons,et fait vibrer chez vous la fibre inconnue. Ainsi quand une idée peut être exprimée par un mot, ne souffrez jamais qu'elle le soit par une phrase. »(p. xj)

Il peut suffire de ressusciter des mots oubliés : « Et moi j'ai dit à tel mot enseveli : Lève-toi et marche. » (p. xx)

Si besoin, il faut créer les mots : « Que le génie de la langue [...] fasse la conquête de synonymes très nuancés dans leur différence ; qu'il jouisse surtout de l'avantage inappréciable des mots composés qui resserrent les idées divagantes ; alors il pourra jouter avec les langues poétiques de nos voisins. » (p. xxiij)

6.3.3 Les langues étrangères

Comme on ne le sait pas toujours, de tout temps des mots sont passés d'une langue à l'autre, souvent au grand dam de certains doctes : « Nous avons trop redouté un commerce étroit avec les langues étrangères ; notre langue serait devenue plus forte, plus harmonieuse si, à l'exemple des Anglais et des Allemands, nous eussions su nous enrichir d'une foule de mots, qui étaient à notre bienséance. » (p. xij)

6.3.4 Nécessité d'une langue impératrice

Il faudra s'entendre sur une langue commune à toute l'Europe : « S'il ne se formait pas une langue impératrice pour l'Europe entière, d'ici deux à trois siècles, il est à présumer que, vu la multiplication des langues et des connaissances humaines, les impressions, les livres, les traductions iront toujours en croissant, et feront masse au point qu'il sera impossible à la vie d'un homme de satisfaire aux premières études nécessaires pour entrer dans le sanctuaire des sciences... » (p. xxxvij)

Il ne faut pas forger cette langue, mais partir d'une langue existante : « Ne prenez pas une langue factice, Européens, […] ; prenez une langue parlée, mais enrichissez-la de tous les trésors de la néologie. » (p. xxxviij)

6.3.5 Quelques néologies
6.3.5.1 La presse prie.

« *Abonnataires*. Celui qui n'est pas encore abonné. Le

premier et très piquant numéro de ce journal est fait pour plaire singulièrement aux Abonnataires, et pour les transformer sur-le-champ en abonnés. » (page 2. Création. Sens différent chez Littré.)

6.3.5.2 Soufflez sur les canons chauds_!

Si les artilleurs avaient connu Louis-Sébastien Mercier, Fernand Raynaud aurai-il pu créer son sketch ? « *Acertainer*. Caquet courut au bouquiniste qu'on lui avait indiqué. Monsieur, lui dit-il, les charbonniers m'ont Acertainé que vous me donneriez le nom et l'adresse du plus fameux conteur de contes qui soit à Paris. (Rétif.) » (page 7. Résurrection.)

6.3.5.3 Miss France.

« *Aginer*. Se donner du mouvement pour peu de chose.- J'adopte ce mot dans lequel on reconnaît le verbe agir, et où la terminaison iner semble être un peu ridiculi- sante, ou, tout au moins, annoncer une action peu importante. Tels sont acquoquiner, badiner, dandiner, chopiner, rapiner, turlupiner. (Journ. De la Lang. Franç.) » (page 17. Création)

Geneviève de Fontenay, lanç[ant] au micro de Ciné Man, : "Je [l'] [Laurent Ruquier] aime pas. Il m'agace. Il a une voix très désagréable, il s'écoute parler, il s'agite comme Sarkozy." aurait bien gagné à le faire aginer.

Ce verbe a une vertu supplémentaire: n'étant pas pronominal, il éviterait à l'*écriveur* les angoisses ortho- graphiques que suscitent ces phrases :
« Elles se sont agité(es?) /montré(es?).
Elles se sont agité(es?) /montré(es?) devant les yeux leurs copies respectives. »

6.3.5.4 Tribune au tribunal.

« *Batteler* ou Bavasser. Ce mot doit être compris universellement, vu la *baverie* qui a usurpé depuis la tribune législative jusqu'au moindre café[]. De là *Battologie*, cette abondance stérile de mots vides de sens. (Dumolard). » (page_70).

batteler : création en ce sens ;

bavasser : connu depuis Montaigne 1586 cité par le seul Littré sous bavarder,

6.3.5.5 Mendicité interdite

« *Belistre*. Vieux mot, pour désigner un fainéant qui mendie ou qui emprunte, fuyant toute espèce de travail. Il est bon à ressusciter de nos jours, ce mot-là. » (page 73)

6.3.5.6 Rien ne va plus

Si tous les joueurs étaient *benurés*, plus d'un établissement de jeux peinerait à leur payer leurs gains et à changer leurs règles. (page 74. Création)

6.3.5.7 Poids de senteur et non pois de senteur

« J'ai rencontré au bal une *Vaporante*; on s'éloignait, on lui faisait place de tous côtés, afin de ne pas succomber à des peines aromatiques. »

Son parfumeur, Céser Birotteau, l'avait pourtant acertainée qu'aucune *Tétrodore* n'en *issirait*.

Vaporante. Qui exhale des parfums. Tome II, page 308. Création.

Tétrodore: mauvaise odeur. Tome II, page 283. Création; contraire de bénolence.

Issirait résurrection MB de issir, sortir.

6.3.5.8 Faites vos gammes

Du fait qu'il est *trigamme* avec une *bigamesse*, ils

peuvent instaurer des *trialogues*.
Trigamme_ : qui a contracté trois mariages, bigamesse_ : T. II p. 299. Création.
Trialogues_ : trois personnes qui parlent. T. II p. 299. Création. Condamné par Littré : « Mot fait sur le modèle de dialogue, et doublement mal fait [...]. »

6.4 Alphonse Allais

Je me suis amusé à composer avec quelques unes des trouvailles faites en lisant, d'Alphonse Allais, A se tordre, Amours Délices et Orgues, Rose et vert, et quelques autres, ces petits textes réunissant mots, noms propres ou inventions forgés et mots ressuscités

6.4.1 Quand un Marchaleuil se confesse

« Ce gommeux de Marchaleuil racontait à son ami Alcide Toutaupoil : « Mon vieux fourneau de père, qui, venu d'Angers, exerce le métier *dangéreux* de poseur d'ardoises, fait preuve d'un *rapiatisme* tel que, pour subvenir aux besoins de la ravissante Sarbah Kahn, je dois recourir à des inventions dont l'ingéniosité ne le cède en rien à la *crapulité*.

Je me fis à Paris fabricant d'*écrabouillite*, obtenant que mon propriétaire, l'apothicaire Hume-Mabrize, m'expulsât sans exiger son dû, craignant, mon produit fictif explosant, d'être ruiné. Je passai ainsi fièrement devant la concierge *matéologue* et *commérageuse*.

Craignant de devenir *crapulite*, *pochardoïde* et *vadrouilliforme*, je m'exilai à Monte Carlo où je pratiquai le *chambardoscope*, une montre par mes soins arrangée, censée prédire les tremblements de terre : quand mon crédit atteignait un seuil inquiétant, le chambardoscope, de terre ferme passait à séisme imminent : l'hôtelier achetait mon silence auprès des autres clients en me tenant quitte de mon ardoise. Et je t'épargne le théâtrophone... »

6.4.2 Abstention et abstinence interdites

Le *bécanier*, venu tenter de conquérir, sur un vélo en forme de tirebouchon, le titre de champion du millimètre à vélocipède, record mondial alors détenu par le Captain Cap en 1/17.000ème de seconde, se *cavernait* devant le spectacle *catastrophore* d'Alphonse Allais *spiralisant* l'escalier de la Butte pour porter **délayée** la candidature aux élections que le Captain Cap avait rédigée avant de succomber à l'*ivre-mortisme* conséquent à l'absorption de trop nombreux Stars and Stripes[1].

6.5 Boris Vian

Boris Vian m'a donné l'occasion de concocter ce récit:
« Après s'être abluté dans sa salle de bains, Monsieur Clochemelon, rassuré par la fin de sa crise d'échancelle, dégusta un chocolat à la pruche, tapota affectueusement le crâne de son andouillon apprivoisé. Dans le taxi qui le menait au députodrome où allait se discuter la loi sur la taxation de l'arcanson, retentissait le dernier tube, accompagné au pianococktail, que la radio du bord infligeait aux passagers. »
Abluter, Andouillon, Députodrome , Pianococktail_: Ecume des jours 1947.
Arcanson : Un jour.
Tube (en ce sens) : En avant la zizique.

«_1 Stars and stripes, autrement dit les étoiles et les raies. Dans un verre-flûte, versez, sans mélanger, crème de noyaux, marasquin, chartreuse jaune, curaçao et verre fine champagne.
Voilà pour les raies.
Quant aux étoiles, vous les apercevrez aussitôt que vous aurez, d'un seul coup, lampé cette spiritueuse polychromie. »
Le Captain Cap, Juven, 1902. XLVII et Breuvages

6.6 Henri Michaux
Le grand combat

Il l'emparouille et l'endosque contre terre ;
Il le rague et le roupéte jusqu'à son drâle ;
Il le pratéle et le libucque et lui baroufle les ouillais ;
Il le tocarde et le marmine,
Le manage rape à ri et ripe à ra.
Enfin il l'écorcobalisse.
L'autre hésite, s'espudrine, se défaisse, se torse et
                                                                      se ruine.

C'en sera bientôt fini de lui ;
Il se reprise et s'emmargine... mais en vain
Le cerveau tombe qui a tant roulé.
Abrah ! Abrah ! Abrah !
Le pied a failli !
Le bras a cassé !
Le sang a coulé !
Fouille, fouille, fouille,
Dans la marmite de son ventre est un grand secret.
Mégères alentours qui pleurez dans vos mouchoirs ;
On s'étonne, on s'étonne, on s'étonne
Et on vous regarde,
On cherche aussi, nous autres le Grand Secret.

« Papa, fais tousser la baleine », dit l'enfant confiant.
Le tibétain, sans répondre, sortit sa trompe à appeler
                                                                      l'orage
et nous fûmes copieusement mouillés sous de grands
                                                                      éclairs.
Si la feuille chantait, elle tromperait l'oiseau. [1]

---

1. Michaux (Henri) .- Le grand combat. I_: Qui je fus. Gallimard, 1927.

Création personnelle depuis Election d'Albert Caperon par Erdnal et photo anonyme (Wikipedia)

CHAPITRE VII

Encouragé silencieusement par tous ces précurseurs, je crains cependant que mes indignes créations personnelles peinent à atteindre la première marche de l'escabeau de leurs magistrales créations. C'est donc en toute humilité, lecteur bienveillant que je soumets à ton impitoyable jugement quelques unes des infimes productions de mon intellect contourné.

7.1 Société
7.1.1 Tu gagneras ton pain à la sueur de ton front

Beaucoup de Français vont encore travailler à l'usine, ils pourraient dire je vais *usinobosser*, et préciser, s'ils travaillent la nuit, je vais u*sinonui(t)bosser*. Ceux qui vont dans dieu sait quelle administration remuer la poussière des dossiers qui s'accumulent sur leur bureau et leur chaise *Députobossent*, *Cafbossent*, ou *Sécubossent*, voire *Educsimilibossent*.

7.1.2 Quand le pain est gagné, il faut le manger.

Tout Français qui a faim casse la croûte ou la graine, parfois même il croûte. Mais, s'il invite celle dont il ferait volontiers quelques bouchées à manger dans un établissement ouvert au public, autrement dit au restau, la dulcinée n'a pas les éléments pour juger de la qualité de l'invitation. Elle pourrait demander
« M'invites-tu à *usinocrouter*, *gargottocrouter*, *restocrouter*, voire **Tourdargentcrouter** ? »

Vous ne manqueriez de répondre à cette question :
« Aujourd'hui, nous allons *restaumanger*; mais si j'avais

benuré chez **F**raction **D**e **J**eton, nous aurions pu aller ***Tourdargentdéguster***. »

On distinguerait ainsi, malgré une certaine ressemblance de ces institutions, cantinocrouter dans les écoles de cantiner dans les prisons.

7.1.3 Interdit de fumer

Je viens de voir un marchand de cigarettes électroniques qui invite les gens à *vaper*, contrairement à l'usage qui vapote. Ce verbe vapoter est particulièrement mal construit : le suffixe <u>oter</u> est au mieux hypocoristique comme dans <u>mignoter</u>, voire diminutif comme dans <u>siffloter</u>, au pire péjoratif comme dans <u>parloter</u>. *Vaper*, au moins, n'emporte aucune nuance, sauf si on tient à le rapprocher de vamper.

7.1.4 De vigne en grappe

Si vous dénichez un *taxiteur* qui accepte de vous *taxiter* de là où vous vous trouvez jusque là où vous allez, acceptez sans discuter ce qu'indique son taximètre comme *taxitaxe*, ou *taxisomme* si vous le supposez honnête. Abstenez-vous de faire remarquer que, la consommation d'alcool au volant étant, sinon interdite, du moins limitée, vous ne voyez pas de raison de lui laisser un pourboire, même voyageant incognito sous le nom de *taxiboire*.

Il est de bonne humanité de favoriser l'*alcoolindépendance*.

7.1.5 Connaissez-vous Clovis Trouille_?

Trouilliforme ou non, allez voir le site reproduisant en digigraphie des œuvres de ce peintre.

Si le vulgum pecus s'entend pour avoir vulgairement le trouillomètre à zéro, il commet là une erreur d'appréciation_: zéro, en effet, est un degré neutre.

N'hésitez pas désormais, quand vous *trouillerez*, à avoir le trouillomètre soit à -273°C, soit à 3500° Celsius ou, pour en imposer par votre culture anglo-saxonne, 6300° Farenheit .

Si vous, ou l'un de vos proches, êtes fréquemment atteint de trouilles, procurez-vous chez votre droguiste favori un remède contre la *trouillite* pour éviter qu'un *trouillomane*, collectionneur de ce que vous ne pouvez manquer d'avoir identifié, cherche à vous capturer pour vous étudier avec son *trouilloscope* afin de définir si vous êtes trouillard, trouilleux ou *trouilloux*.

7.2 Culture
7.2.1 Escale à la Scala

Moi-même, *opéramateur*, j'espérais faire partager ma passion à mon amie qui aime modérément l'art lyrique ; elle n'a pas été *opéravie* par cet *opératé*, les Troyens de Berlioz atteints de virus informatiques grâce à un *opéra(ra)teur* ; elle en a son *opération*. Je crains d'avoir désormais du mal à l'*opéramener* et lui faire *opéradmirer* ces productions modernistes au lieu de les *opérhaïr*.

Mais, diront les doctes, *opéramateur* est ambigu ! Le suffixe en est-il -mateur ou -amateur ? Tout dépend du contexte, comme dans tous les cas de polysémie : voit-on souvent des opéras qui se prêtent à être matés, comme dit son mari à ma voisine, parlant des films osés qu'il a *trouvés* dans une poubelle.

Mais, diront encore les doctes, *opération* est ambigu ! Le mot existe déjà ! Tout dépend encore du contexte, comme déjà remarqué dans tous les cas de polysémie : le docteur Petiot n'a fait l'objet à ma connaissance d'aucune création lyrique, évoquant ses opérations, me demande de préciser ma boulangère.

Remarque analogue pour *opérateur*.

7.2.2 La piste aux étoiles

Il va de soi qu'un *cinémateur* est *cinéravi* quand il va se faire une toile, *cinémavoir*. Si la toile est *cinératée*, il *décinéra* cette salle. Quant aux mateurs de *cinéosé*, on peut, à voir la furtivité de leur *cinéentrée* et de leur *cinésortie*, les qualifier de *cinéhonteux*.

Rendons hommage au passage à Henri Langlois, le premier *cinégardeur* de notre connaissance.

7.2.3 Livraison à domicile

Le Livre est victime du vocabulaire : autant il fait pour promouvoir les vocables, autant le vocabulaire fait peu pour lui rendre la monnaie de sa pièce.

Si on examine les choses, on voit que le livre s'est vu ravir livrer, délivrer, délivrance, livreur et livraison au profit de pratiques commerciales, militaires ou obstétriques.

Comment désigner le faiseur de livres : *livrographe*, peut-être, comme photographe ; l'amateur de livres, *livrophile* comme cinéphile ; le critique de livres, *livropeseur*, le malheureux qu'on contraint à lire un livre, *livroforçat*, et lelivre en question *livroforcé*, le fou de livres qui a moins de place chez lui pour soi que pour ses livres, le *livromane* s'il les entasse, le *livrophage*, s'il s'en nourrit, intellectuellement il va de soi. (Cette dernière précision est due à un souvenir de lecture de Prisonnier de Mao, par Jean Pasqualini : un jour on décida de faire manger de la pâte à papier aux prisonniers en cours de RÉÉDUCATION.)

7.2.4 Tchernobyl en chambre

Ils s'entrelanguèrent *volupcorporalement*. Puis ils *escadrinèrent* jusqu'à la chambre que leur avait *anominativée* le *fricotier*. Ils se *jambomouatèrent* avant de se *coulifilailliser* sans *ouestinghouse* aucun. Enfin, ils *niagarèrent saxomativement* et de concert.

7.2.5 Un verre ça va...

La <u>Traviata de Verdi</u> ne laisse pas indifférent
« *Frasquodons*, dans les *inaminutives* ; elles *vignodorent* les *plaissenteurs* du *vitidistillé*.
- Si l'ascension en est plaisante, *contrhurla* Grandépit, la *descension buccalempâte*. »

ALFREDO	ALFREDO
Libiamo, ne' lieti calici	Buvons joyeux dans ce verre
che la bellezza infiora,	resplendissant de beauté
e la fuggevol ora	et que l'heure passagère
s'inebrii a voluttà.	s'enivre de volupté.
Libiam ne' dolcifremiti	Buvons dans les doux frissons
che suscita l'amore,	que l'amour éveille
poiché quell'occhio al core	car ce regard sur nos cœurs
(indicando Violetta)	*(en désignant Violetta)*
onnipotente va.	est tout puissant.
Libiamo amore, amor fra i calici	Buvons, car le vin
più caldi baci avrà.	réchauffera les baisers de l'amour.

7.2.6 Conclusion

Ayant *motléoné* les *asuipatiques discribolisations* des *inadaptomites* qui *carcèrent* mon *verbopolissage*, j'ai *déstylobatisé* la *verbogénération* et *luminoporté* l'entéléchiquement réciproque *modalisaformation* de ces néologies.

MARCHE FUNÈBRE

COMPOSÉE POUR LES

FUNÉRAILLES D'UN GRAND HOMME SOURD

Lento rigolando.

MARCHE FUNÈBRE
lento rigolando,
composée par
Alphonse Allais
pour les
FUNÉRAILLES D'UN GRAND HOMME SOURD,
adaptée par
le Capitaine Onésime Lahilat
pour
le concert annuel offert au
SYNDICAT GÉNÉRAL DES BALEINIERS DE LA CORRÈZE
par la musique de la Grande Muette,
en remplacement de la composition de Verdi.

Chapitre VIII

J'aurais laissé le lecteur *néonéologue* libre de ses choix *vocabloconstructifs*, si je n'avais pas su qu'une cohorte de grammairiens *antinéologues* et *réglophiles* s'empresseraient d'édicter des lois de construction pour des mots qu'ils condamneraient avant même qu'on en envisageât la création. La Sagesse des Nations me rappelant qu'« il vaut mieux prévenir que guérir ». je lui obéis avec humilité et je consultai à cette fin le *professeur Arséne Nicolas Borateur de L'Amer Moruturi Te salutant.*
« Alors, mon petit, me dit-il, que devenez-vous depuis l'obtention de votre thèse sur le sujet que je vous avais concocté ?
- Bien, Maître, mais je me trouve face à un cas de conscience qui me tiraille, m'inquiète et m'engourdit. »

Et je lui montrai cet opuscule dont la lecture lui fit pousser quelques murmures appréciatifs qui confortèrent mon ego.
« Je comprends votre cas de conscience : il faut réguler, mais vous ne pouvez réguler. Laissez-moi quelques jours, et je vous rédigerai un petit COMPENDIUM NEOLOGISTATIS GALLICÆ de derrière mon dernier fût de vin de Touraine. »

Effectivement, quelques mois plus tard, je reçus par la poste le manuscrit du susdit COMPENDIUM de la main du susnommé Professeur, que je reproduis ici à l'identique et dont, bien sûr, courageux jusqu'à l'abstinence, je ne revendique ni la paternité ni les choix. La seule egotisation apportée est la transcription en caractères romains de son manucrit en minuscules carolines.

6.1 Manuscrit du Professeur
Notes sur la transcription
Sont barrés les mots ou les lettres barrés par le professeur : ~~à retirer~~.
Sont ajoutés entre des accolades les mots ou les lettres omis par le professeur ou illisibles : lettre omis{e}.
Les mots ou les lettres écrits entre les lignes sont notés ainsi :
ligne au-dessus
suppose
On ↓ légitime
IMPLICIT COMPENDIUM
~~Éliminer Préambule discriminatoire~~
 suppose
 On ↓ légitime la création ex presque nihilo de mots nouveaux dans une langue déterminée et dans des conditions normalisées de création. On envisagera ici uniquement la création de mots français.
~~Éliminer Variabilité des marques~~

1. Irré~~R~~emédiabilité
 a) Dans les exemples que m'a soumis mon disciple, on note, d'un ~~h~~auteur à l'autre, parfois d'un mot à l'autre du même auteu{r}, la variabilité de la marque de la soudure entre les composants ; cette situation ne peut que faire le lit de querelles byzantines :
faut-il
un trait d'union : *trait-d-union*;
une apostrophe : *trait'd'union*;
un{e} espace : *trait d union*;
souder les mots : *traitdunion*;
combiner les méthodes : *trait-d'union*, *traitd'union*, trait d'union ;

b) On ne peut, nonobstant et concomit{t}amment, reprocher à des textes déjà écrits par des auteurs ~~déjà de longtemps~~ rappelés à ce jour par le concierge du Paradis, qu'il les ait intronisés ou *extronisés*, d'avoir enfreint des règlements encore dans les limbes.

2. Dommageabilité

Une telle disparité des créations ne peut, cependant, qu'entretenir la critique des *néophobes*, ceux que mon disciple nomme des *antinéologues*, et leur fournir matière à répudier toute forme de création, au prix même d'emprunts textuels et sans adaptation aux langages les plus éloignés du génie de notre langue, si bien défini par Rivarol dans son Discours sur l'universalité de la langue française, dont je vous conseille de lire le résumé en quelques lignes par H*ubert Antoine de La Pie qui Vote (à paraître en 2017)*.

~~Éliminer Systématisation~~

A. Discrimination et simplification
1. Recommandation

a) On ne saurait trop recommander de souder systématiquement : c'et en effet le seul moyen de marquer qu'il s'agit là d'un mot et non d'une périphrase ; de plus, la soudure élimine les problèmes d'accord des composantes qui hantent tous les traités d'ort{h}ographe que composent, compulsent, commettent, communiquent, font les amours d'une classe de *pluriellogues*, *plurièlogues*, voire *plurièlologues*, selon votre goût.

b) Exemples acontrario

Graphe~~/t/~~on

Grapheton des garde-boue, des garde-boues, des

gardent-boue, des gardent-boues ?

En effet, si un véhicule à plusieurs roues a souvent autant de protections contre la boue que de roues, crée-t-on une ambigüité en écrivant qu'il est équipé de *gardeboues* en *spirulite* inversée *désoxyladisée* au *germinium* de Palombie ? (*? Vérifier dans Spirou*)

Supposant même que l'acheteur potentiel écrivît quant à lui gardes-boue, prétendant qu'on ne se préserve que d'une boue à la fois, mais avec plusieurs protections, se tournerait-il pour autant vers un autre *autofacteur* ?

Quand vous franchissez un passage à niveau, gardé ou pas, il comporte deux barrières et pose un problème du même genre, car quand on écrit un garde-barrière, n'y a-t-il nécessairement qu'une barrière ? Et si le garde-barrière est marié, cela fait-il un couple de gardes-barrières ?

B. Comment opérer la soudure
1. Le premier mot
a) Terminaison vocalique
α) Le premier mot se termine par un e
α) Le e est précédé d'un e
Éliminer le e final et réexaminer le mot
β) Le e est précédé d'une autre voyelle
Éliminer le e final et réexaminer le mot comme en B, 1
γ) Le e est précédé d'une consonne
Éliminer le e final et réexaminer le mot comme en B, 1

δ) Autrement
   1) Le deuxième mot commence par une consonne
   Soudure immédiate si le résultat se lit en identifiant les composants :
   « Tu pus *tralalachanter*, *fourmidisait*-elle à la cigale ; maintenant tu peux *misèredanser*. »
   Doublement de la consonne autrement : « Il *joiesauta* en voyant son cadeau. » est plus lisible ainsi : « Il *joissauta* ou *joiessauta* en voyant son cadeau. »
   2) Le deuxième mot commence par une voyelle
   Éliminer le e final si ce n'est pas déjà fait et revoir en B,1, δ:
   Don Diègue aurait pu dire: « Il m'a *joussoufleté* ! » quand Don Gormas ne l'avait que *joueffleuré*.

β) Le premier mot se termine par une voyelle prononcée.
Il s'agit de mots comme tata-, ultra-, grosso-.
1) Le deuxième mot commence par une voyelle
   a) Les deux voyelles constituent un digramme
   Simuler la folie pour échapper à certaines obligations pourrait se dire *Fadaimiter*. Tel quel, ce mot se lirait *Fadémiter*, occultant sa composition.

On recourra au sympathique tréma et on écrira *Fadaïmiter*. De même pour les grossesses *extraütérines*, contrairement à la proposition du décret de 1990.

b) Les deux voyelles constituent une diphtongue

Sans entrer dans les querelles de professeurs que dénonçait déjà Saint Augustin, au chapitre {I} du livre {9} de ses Confessions écrivant : « sed maiorum nugae negotia vocabantur », l*es bagatelles des aînés étaient nommées des affaires*, on admettra ce vocable pour désigner deux voyelles consécutives dont les articulations restent distinctes.

Sur l'exemple de couic, cou-ic, comme la-ïc, qui ne pose guère de problèmes, on peut construire : Le docteur Guillotin avait pour ambition de faire mieux que *couinciser* les condamnés.

Sur le modèle de diode, di-ode, on peut écrire : Les délices de Capoue, des *capouorgies*, n'étaient pas de simples *diorgies* conjugales.

2) Le deuxième mot commence par une consonne

Soudure immédiate :
Démosthène *cailloumangeait*.

Le candidat a tout *aléavaincu* en promettant plus impossible que son adversaire.

γ) Le premier mot se termine par une voyelle suivie d'une consonne prononcée

Mots comme bar ou sac.

Ce mot ne se termine donc pas par une voyelle, prononcée ou non.

Par respect pour le Professeur, je n'insiste pas sur son erreur d'analyse.

δ) Le premier mot se termine par une voyelle suivie d'une consonne non prononcée

Exemple : bas, rat.

Ce mot ne se termine donc pas par une voyelle, prononcée ou non.

Je ne dirai pas que le professeur était atteint d'une *vinolyse* double aigüe et récidivante.

ε) Le premier mot se termine par une voyelle suivie d'un groupe de deux consonnes dont la première est prononcée

Exemple vert, ouest.

Ce mot ne se termine donc pas par une voyelle, prononcée ou non.

Je ne dirai pas que le professeur était atteint d'une vinolyse tierce aigüe et récidivante.

b) Terminaison consonantique

α) La consonne est un N

α) Le deuxième mot commence par une consonne

La soudure est immédiate et l'articulation sans difficulté.

Votre voisin qui est un grand *bavasseur cancandébite* sur tout ce qui bouge.

β) Le deuxième mot commence par une voyelle

La soudure est immédiate mais l'articulation peut poser problème. En effet dans_: Quand vous vous mariâtes, vous allâtes voir le curé de votre paroisse afin qu'il *banéditât* vos promesses de mariages.

faut-il lire ba-néditât, ban-éditât ou bane-éditât.

Sur ce point verbalisé, *Antoine LeFureteur, Comte Palatin de Ménage et Rille, Correspondant Permanent de l'Académie des Sciences Morales et Immorales de Tambour de Basque sur Petitcoulis à l'Institution Issoiraise pour l'Intégration Idiomatique Institutionnelle Inconditionnelle*, la IIIIII ou CINQ I, est d'avis de tilder le a de ban :

bãnéditât ou *bãnnéditât* suivant que vous êtes *hiatusphile* ou *hiatusphobe* et suivant la définition que vous donnez au mot hiatus.

α) La consonne n'est un pas un N

α) La consonne ne se prononce pas

Amendez le mot : retirez-la consonne et repassez par la case B 1

β) La consonne se prononce

Souder sans barguignage ni tergiversation : Suivant le courant d'une onde plus ou

moins polluée, votre *verappatage* peut parfois être remplacé par un *asticotappatage*.
Ainsi vous asticotez le poisson.

c) Terminaison autre

Il s'agit vraisemblablement d'une erreur d'iden{t}ification du premier mot : plag'aller pour *plagealler*.

Supprimer et se reporter en B, 1.

2. Le deuxième mot

Le sort du second couteau dépendant du premier rôle, il n'y a pas lieu de lui consacrer un traitement particulier.

EXPLICIT COMPENDIUM

Amphitheatrum sapientiae aeternae. circa 1595. Wikipedia

Bibliographie

Remarque

S'il n'est pas nécessaire de préciser qu'une partie des références sortent de ma forge, celles qui sont ici en italiques, d'autres, en caractères droits, existent vraiment et je ne saurais trop les remercier pour leur involontaire contribution à mes élucubrations.

Apollinaire (Guillaume).- Les Onze Mille Verges, chap.3. 1907.

Boudard (Alphonse).- La fermeture. Paris, Robert Laffont, 1986.

Corneille (Pierre).- Le Cid. Acte I, Scène 5. 1637.

Corneille (Pierre).- Polyeucte. Acte I, Scène 1. 1643.

Crevel (René).- Êtes-vous fous ? Paris, Gallimard, 1929.

Crevel (René).-La Mort difficile, Paris, Éditions du Sagittaire/Simon Kra, 1926

Crevel (René).- Mon corps et moi. Paris, Éditions du Sagittaire, 1925.

Crevel (René).- Paul Klee coll. «Les Peintres nouveaux», Paris, Gallimard, NRF, 1930.

Du Bellay, Joachim (1522?-1560).- Défense et illustration de la langue francoyse Par I.D.B.A. Imprimé à Paris pour Arnoul L'Angelier. 1549. Livre I chapitre X.

Dictionnaire de l'Académie francaise. De l'édition de 1694 à celle de 1932-5.

Étiemble (René).- Parlez-vous franglais ? Paris, Gallimard, 1964, 1973, 1980.

George (François).- L'Effet 'Yau de poêle de Lacan et des lacaniens. Paris, Hachette, 1979.

Havet (Louis).- Manuel de crtique verbale appliquée aux textes latins. Paris, Hachette, 1911.

La Fontaine (Jean de).- Le Vieillard et les trois jeunes Hommes. Livre XI - Fable 8.

Lalude (Pr Victor) et Palude (Dr_Hector) . Normaliser les études littéraires à caractère scientifique en mesurant la température du texte avec un tachypaléographe de Bertrand et un pondérographe d'Arthur. 1897. Université de (mot recouvert d'une tache).
Lamermorte (Colonel Maximilien César Antoine de) . Correspondance privée.
Mercier, Louis-Sébastien (1740-1814).- Néologie ou Vocabulaire de mots nouveaux_: à renouveler, ou pris dans des acceptions nouvelles par L. S. Mercier. Paris, Moussard, Paris, Maradan , 1801.
Michaux (Henri) .- Le grand combat. I : Qui je fus. Gallimard, 1927.
Mozart (Wolfgang Amadeus).- Don Giovanni. 29 Octobre 1787. Acte I scène 2.
François Rabelais : tout ce qui existe de ses œuvres, Gargantua-Pantagruel, Pantagrueline Prognostication,... / (éd. par Louis Moland). Paris, Garnier, 1884. (Gallica).
Saint Augustin.- Confessiones. Édition attribuée à Knöll 1898.
Spaßvogel (Georg Klerk).- Dissertatio de civitatum camporumque muribis. apud Universitatis editorem. Leyde, 1702.
Trueman, Superman, Walkman et Waterman. Des rapports entre l'encre antipathique et le papier à cigarettes dans l'impression chez les Isliens. Paris 1911, chez les auteurs. ou leurs héritiers.
Verdi (Giuseppe Fortunino Francesco).- La Traviata. 1853.
Verne (Jules).- L'Île à hélice. Paris, Hetzel, 1895.
Voltaire.- Lettre du 27 avril 1761 à l'abbé Truble.
Vian (Boris).- Lettre au Provéditeur-Editeur sur quelques équations morales dans : Cahiers du collège de Pataphyque n° 11 du 25 Merde 8 E.P. In-8 agrafé.
Zola (Émile).- Germinal. Livre 1, chapitre 4.- Paris, 1885

Une bibliographie plus détaillée, ajoutant 562 ouvrages imprimés, 23 inédits, 12 incunables, 31 manuscrits perdus et pesant 31.587 kilos, est recopiée manuellement et adressée gratuitement, contre leur reconnaissance éternelle, par courrier express à tous ceux qui en font la demande en 12 exemplaires, un exemplaire par chaque membre de notre famille, un samedi pair d'un mois impair d'une année non bissextile ou un vendredi 29 février, le cachet de la poste faisant foi.

Les textes cités proviennent de Gallica, de WikiSources ou de livres personnels.
Les illustrations, sauf l'affiche du Cid, proviennent de Wikipedia.

Merci à Delphine, Sylvie, Patrice, et quelques autres à qui j'ai infligé la gestation de cette œuvrette.

Néoindex

Mot	Auteur	Page
Abluté	Vian	44
Abonnataires	Mercier	40
Acertainer	Mercier	41
Adaptraduction	Billard	--
Agelaste	Rabelais	37
Aginer	Mercier	41
Aimiment	Billard	15
Aléavaincre	Billard	59
Andouillon	Vian	44
Anecdotiser	Billard	32
Anonymativer	Billard	51
Antéplagiaire	Billard	21
Antinéologue	Billard	53,55
Ascente	Billard	26
Asticoappatage	Billard	61
Asuipathique	Billard	51
Autofacteur	Billard	56
Autonomatic	Rabelais	37
Aveur	Billard	29
Banéditer	Billard	60
Bãnéditer	Billard	60
Baneéditer	Billard	60
Baroufler	Michaux	45
Batteler	Mercier	42
Bavasser	Mercier	42
Bavasseur	Mercier/Billard	60

Baverie	Mercier	42
Bécanier	Allais	44
Belistre	Mercier	42
Benuré	Mercier	42, 45
Buccalempater	Billard	51
Cafbosser	Billard	47
Cancandébiter	Billard	60
Capouorgie	Billard	58
Carcérer	Billard	51
Cailloumanger	Billard	58
Cantinocrouter	Billard	47
Catastrophore	Allais	43
Caverner (se)	Allais	44
Chambardoscope	Allais	43
Chatbas	Billard	5
Chatbeau	Billard	7
Chatbin	Billard	5
Chatbot	Billard	7
Chatbotté	Billard	7
Chatbotteur	Billard	7
Chatbottier	Billard	7
Chatelier	Billard	5
Chaticide	Billard	5
Chatlit	Billard	6
Chatmelier	Billard	5
Chatminagrobis	Billard	8
Chatmour	Billard	15
Chatporteur	Billard	8
Chatviré	Billard	6
Cinéentrée	Billard	50
Cinégardeur	Billard	50

Cinémateur	Billard	50
Cinémavoir	Billard	50
Cinéosé	Billard	50
Cinérater	Billard	50
Cinéravir	Billard	50
Cinésortie	Billard	50
Circumbilivagination	Rabelais	37
Coelivagés,	Rabelais	37
Commérageuse	Allais	43
Contrhurler	Billard	51
Couinciser	Billard	58
Coulifilailliser	Billard	44
Crapulité	Allais	43
Dangéreux	Allais	43
Déciner	Billard	50
Déducteur	Billard	27
Déductivité	Billard	27
Défaisser (se)	Michaux	45
Députodrome	Vian	44
Descenseur	Billard	26
Désoxyladisée	Billard	56
Déstylobatiser	Billard	51
Dicteur	Billard	35
Diorgie	Billard	58
Discribolisation	Billard	51
Dommageabilité	Billard	55
Echancelle	Vian	44
Ecorcobalisse	Michaux	45
Ecrabouillite	Allais	43
Educsimilibosser	Billard	47
Emburelucoquée	Rabelais	37

Emmarginer (s')	Michaux	45
Emparouiller	Michaux	45
Endosquer	Michaux	45
Entrelanguer	Billard	51
Escadriner	Billard	51
Esprudiner (s')	Michaux	45
Extraütérin	Billard	58
Extroniser	Bilard	55
Faccord	Billard	29
Fadaïmiter	Billard	57
Fadaïmiter	Billard	57
Filopendoles	Rabelais	37
Fisipatéticien	Billard	14
Fissécuteur	Billard	15
Filsmission	Billard	15
Fissil	Billard	14
Fonéreux	Billard	29
Fourmidire	Billard	57
Frasquoder	Billard	51
Fricotier	Billard	51
Gargottocrouter	Billard	47
Gyrognomonyque	Rabelais	37
Homocentricalement	Rabelais	37
Inadaptomite	Billard	51
Inaminutive	Billard	51
Infutile	Billard	28
Infutilité	Billard	28
Irrémédiabilité	Billard	54
Ivre-mortisme	Allais	44
Jambomouater	Billard	51
Joiesauter	Billard	57

Joissauter	Billard	57
Joiessauter	Billard	57
Joueffleurer	Billard	57
Joussoufleter	Billard	57
Libucquer	Michaux	45
Livroforçat	Billard	50
Livrofocrer	Billard	50
Livrographe	Billard	50
Livropeseur	Billard	50
Livrophage	Billard	50
Livrophile	Billard	50
Luminoporté	Billard	51
Malheurer (se)	Billard	23
Marminer	Michaux	45
Matagrabolisme	Rabelais	37
Matéologue	Allais	43
Misèredanser	Billard	57
Misonéologie	Billard	35
Mixturer	Billard	31
Modalisaformation	Billard	51
Motléoner	Billard	51
Néologie	Mercier	,51
Néonéologue	Billard	53
Néophobe	Billard	55
Niagarer	Billard	51
Nourrisseur	Billard	11
Opéradmirer	Billard	49
Opéramateur	Billard	49
Opérarateur	Billard	49
Opérater	Billard	49
Opérateur	Billard	49

Opération	Billard	49
Opéravir	Billard	49
Opérhaïr	Billard	49
Ouillais	Michaux	45
Outoir	Billard	28
Pachachute	Billard	13
Paraphraste	Du Bellay	38
Peinturer	Billard	31
Péricien	Billard	14
Pèremission	Billard	15
Pianococktail	Vian	44
Plagealler	Billard	61
Plaissenteur	Billard	51
Pluriellogue	Billard	55
Plurièlogue	Billard	55
Plurièlologue	Billard	55
Pochardoïde	Allais	43
Portailler	Billard	31
Portailleur	Billard	31
Pra	Billard	30
Prateler	Michaux	45
Professeuse	Billard	30
Professoresse	Billard	30
Pruche	Vian	44
Raguer	Michaux	45
Ratbanais	Billard	9
Ratbeau	Billard	7
Ratbin	Billard	5
Ratbot	Billard	7
Ratbotteur	Billard	7
Ratbottier	Billard	7

Ratbottier	Billard	7
Ratmelier	Billard	4
Ratonnerre	Billard	13
Rapiatisme	Allais	43
Ratporteur	Billard	8
Ratviré	Billard	6
Réglophile	Billard	53
Restaucrouter	Billard	45
Rimail	Billard	31
Roupeter	Michaux	45
Saxomativement	Billard	51
Sécubosser	Billard	47
Séductivité	Billard	27
Spiraliser	Allais	43
Spirulite	Billard	56
Strabie	Billard	32
Strabiste	Billard	32
Tabagiste	Billard	32
Taxiboire	Billard	48
Taxisomme	Billard	48
Taxitaxe	Billard	48
Taxiter	Billard	48
Taxiteur	Billard	48
Tétrodore	Mercier	42
Théâtrophone	Allais	43
Tocarder	Michaux	45
Torser (se)	Michaux	45
TourdArgentcrouter	Billard	47
TourdArgentdéguster	Billard	48
Tralalachanter	Billard	57
Trigamme	Mercier	42

Trouilliforme	Billard	49
Trouillite	Billard	49
Trouillomane	Billard	49
Trouilloux	Billard	49
Trouiloscope	Billard	49
Unijambie	Billard	32
Unijambisme	Billard	32
Usinobosser	Billard	47
Usinocrouter	Billard	47
Usinonuitbosser	Billard	47
Vadrouilloforme	Allais	43
Vaper	Billard	48
Vaporante	Mercier	42
Verappatage	Billard	61
Verbodescendance	Billard	27
Verbogénération	Billard	51
Vignodorer	Billard	51
Vinolyse	Billard	59
Vitisistiller	Billard	51
Vocabloconstructif	Billard	53
Volupcorporalement	Billard	51

PERSONNARUM TABULA

seu

Gallica lingua

TABLE DES MATIÈRES

Chapitre I	3
C hapitre II	11
Chapitre III	17
Chapitre IV	25
Chapitre V	35
Chapitre VI	37
Chapitre VII	47
Chapitre VIII	53
Bibliographie	63
Néoindex	67